小山京子の
オカリーナ
アンサンブル曲集

2訂版

運指・解説付き

編著：小山 京子

プリマミュージック

小山京子の
オカリーナ
アンサンブル曲集
2訂版
運指・解説付き

編著：小山京子

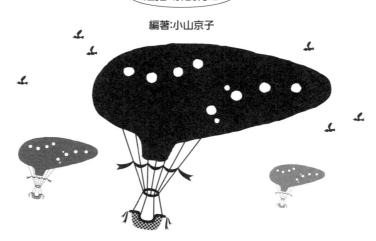

はじめに

　オカリーナ愛好家のみなさま、この度は本書を手にしていただきありがとうございました。

　この曲集は、団塊の世代の方々に馴染みの深い名曲を中心に選んでみました。
　本書の制作に際し、今回も数えきれない程の多くの名曲と出会い、その度にワクワクと心躍り、日々音楽の奥深さをしみじみと感じています。音楽って本当に楽しいですよね。

　オカリーナという楽器は、楽器や楽譜が全く初めての方でも、みなさん楽しんで吹けるようになる楽器です（その点も大変気に入っています）。
　目には見えない『不思議で楽しい世界』を「オカリーナ」という楽器を通じて楽しむことが出来ます。その喜びをお一人でも多くの方に味わっていただきたいと切に願っております。

　音楽を楽しみ、お仲間達と分かち合い、そして楽器の演奏をされていない方達とは共に歌い、多くの方がより心豊かに暮らせたら素晴らしいですね。

　日々の生活の一コマにオカリーナを加えていただけたら、最高に幸せです。

小山　京子

※本書での楽器表記は、アケタオカリーナのものを使用しています。楽譜の最初に楽器指定の無い曲は、基本的に同じ種類の管を使用して下さい。アケタオカリーナ以外の楽器でもご使用いただけます（表記は、小さい楽器から順に、1C, 3G, 2F, 5C, 9G, 10F, 12C になっていますので、参考にして下さい）。

もくじ

- オカリーナを持ってみましょう …… 6
- 低いドから高いドまでを吹いてみましょう …… 6
- タンギングを意識しながら吹いてみましょう（キラキラ星／若者たち／茶摘）… 8
- ファの♯（シャープ）の練習（オーラ・リー）…… 10
- シの♭（フラット）の練習（故郷）…… 11
- 高い音の練習 …… 12
- 低い音の練習 …… 12
- オカリーナ運指表（12穴式）…… 14

《二重奏》
- ポーリュシカ ポーレ …… 16
- 小さなぐみの木 …… 16
- イムジン河 …… 17
- パフ …… 18
- あなたが夜明けをつげる子どもたち …… 19
- エデンの東 …… 20
- 友よ …… 21
- 夜明けのスキャット …… 22
- 魅惑のワルツ …… 23
- 風 …… 24
- 「いちご白書」をもう一度 …… 25
- にじ …… 26
- 花の首飾り …… 27
- 自転車にのって …… 28
- オー・シャンゼリゼ …… 29
- サンライズ・サンセット …… 30
- 夢見るシャンソン人形 …… 32
- 22才の別れ …… 34
- 精霊流し …… 36
- 花嫁 …… 38
- 白百合の花が咲く頃 …… 40
- まあるいいのち …… 42
- 明日への手紙 …… 44
- 木蘭の涙 …… 46

バス・ストップ……………………………………………………………… 48
ハナミズキ………………………………………………………………… 50
風笛～あすかのテーマ～…………………………………………………… 51

《三重奏》
大脱走のマーチ…………………………………………………………… 52
にっぽん昔ばなし………………………………………………………… 53
虹と雪のバラード………………………………………………………… 54
エイトマン………………………………………………………………… 56
いのちの記憶……………………………………………………………… 58
歌の翼に…………………………………………………………………… 60
きれいな鈴の音～「魔笛」より…………………………………………… 62
ピアノ・ソナタ第8番「悲愴」～第2楽章………………………………… 64
目覚めよと呼ぶ声が聞こえ～カンタータ第140番………………………… 66
春への憧れ………………………………………………………………… 68
黄昏のビギン……………………………………………………………… 70
からたちの小径…………………………………………………………… 72
みだれ髪…………………………………………………………………… 74
高校三年生………………………………………………………………… 76
千の風になって…………………………………………………………… 78
花祭り……………………………………………………………………… 80
桃色吐息…………………………………………………………………… 82
ロシア民謡メドレー（カリンカ～行商人～黒い瞳～一週間）………… 84
もう飛ぶまいぞこの蝶々………………………………………………… 88
500マイル………………………………………………………………… 92

《四重奏》
青い影……………………………………………………………………… 95
Sanctus～ドイツ・ミサ曲 D872 より…………………………………… 98
威風堂々…………………………………………………………………… 100
踊りあかそう……………………………………………………………… 102
心の旅……………………………………………………………………… 104
筑波山麓合唱団…………………………………………………………… 106
ありがとうの花…………………………………………………………… 110
主よ、人の望みの喜びよ………………………………………………… 113

※編集及びアレンジの都合上、歌詞は全てを載せておりません。メロディーのガイドとして参考にして下さい。

♪ オカリーナを持ってみましょう

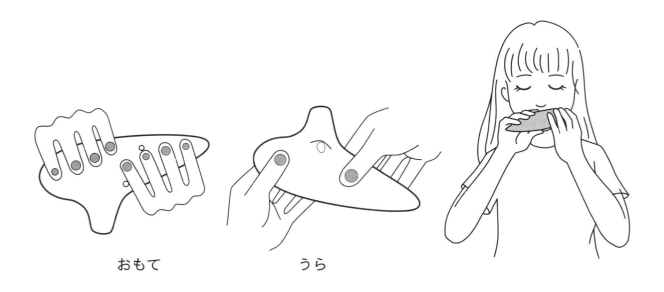

おもて　　　うら

♪ 低いドから高いドまでを吹いてみましょう

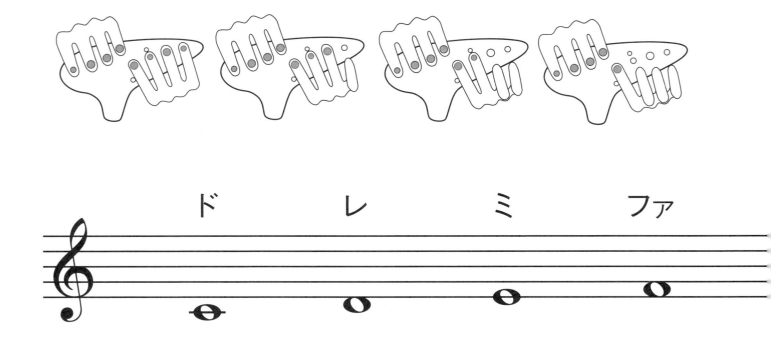

ド　レ　ミ　ファ

・唇は吹き口の先を軽くはさむ程度にしましょう。

・オカリーナに慣れるまでは、手に力が入ってしまいます。
　ふんわり包み込むように持ちましょう。
　なるべく力を抜いて指の腹で指穴をふさぎましょう。

・持つ事に慣れてきたら、トゥートゥーまたはトォートォーと言葉で言うように
（実際に声は出しません）吹いてみましょう。
　この奏法を「タンギング」といいます（舌＝タンを使って発音します）。
　タンギングができるようになると音がハッキリときれいになります。

・ゆっくりと休憩をとりながら何度も練習しましょう。

☆左手の小指はそのままで
薬指を上げます。

ソ　ラ　シ　ド

☆ソから上の音は、右手小指を楽器の右端に添えると支えやすくなります。

♪ タンギングを意識しながら吹いてみましょう

・トゥットゥッ〜 よりトゥートゥーとのばしながら吹くとなめらかに聴こえます。

キラキラ星

若者たち

© 1966 by SHINKO MUSIC PUBLISHING CO., LTD.

・拍を数えながら吹いてみましょう（休符やのばす音符もしっかり数えましょう）。

茶摘

文部省唱歌

・**C** = 4分の4拍子（1小節内に4分音符♩が4つ分入ります）

・1小節 = ▭ （2本のたて線の間のスペースのことをいいます）

♪ファの♯(シャープ)の練習

・♯(シャープ)は、この記号がついた音を半音上げるという記号です。

☆ト音記号(𝄞)のすぐ横にある場合

 すべてのファの音を
♯にします。

ソの指の構えをして、右手薬指をおろします。

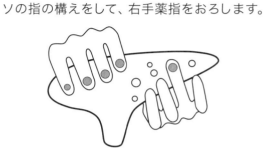

☆曲の途中にある場合

 ①も②も♯です。

 ②のみ♯です。
＊その小節内のみ有効で、
次の小節からは元の音に戻ります(♭も同様です)。

オーラ・リー

アメリカ民謡

♪シの♭（フラット）の練習

♭（フラット）は、この記号がついた音を半音下げるという記号です。

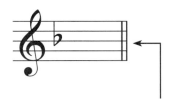

シの音に♭がついているので曲中すべてのシの音（オクターブ低いシも同様です）を♭の音にします。

シの指の構えをして、右手薬指をおろします。

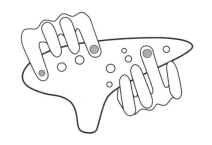

故郷

高野辰之　作詞
岡野貞一　作曲

★高いレ（P.12 に運指図が載っています）

♪ 高い音の練習

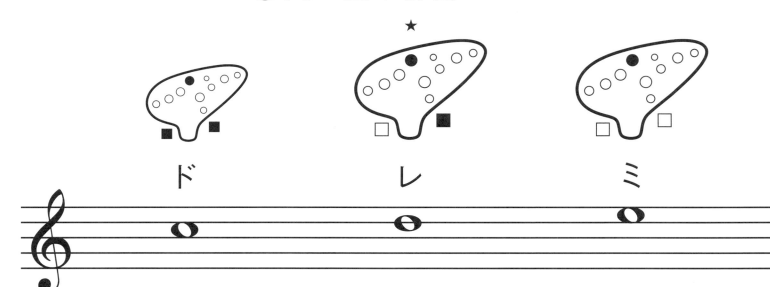

- 高音域では、楽器の持ち方が不安定になりやすいので、楽器の右端に右手の小指を添えて支えましょう（指穴はふさがないように気を付けましょう）。

☆高い音をきれいに出すには、吹く時の楽器の角度（上・下・右・左）や息の強さを工夫してみましょう（楽器にはひとつひとつ個性があります）。

♪ 低い音の練習

- オカリーナに十分慣れてから練習しましょう。

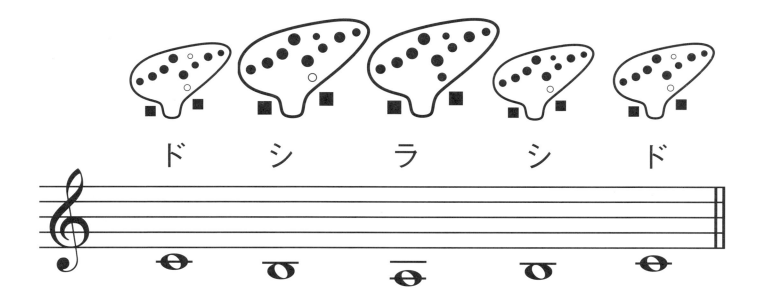

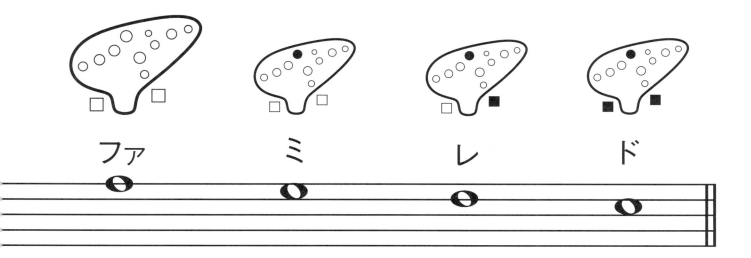

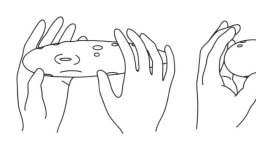

☆うら穴の親指を開ける時は、
親指の第1関節を曲げ指を立てる
（または反らせる）ようにすると
楽器が安定します。

・低いシとラは1本の指で同時に2つの穴をふさぎます。
　始めはなかなかうまくふさぐことができないと思いますが、
　指を楽にしてコツを覚えて下さい。

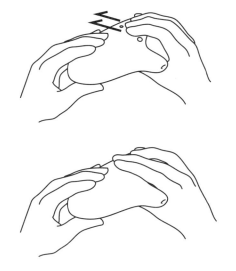

☆右手の中指と人さし指のみ、
力を抜いて前に出すようにして
小穴をふさぎます。息は弱めにします。

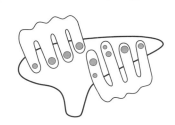

☆右手全体を楽器を包み込むように
丸くしてみましょう。

♪オカリーナ運指表（12穴式）

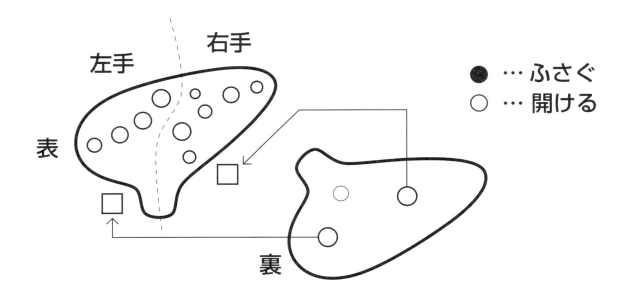

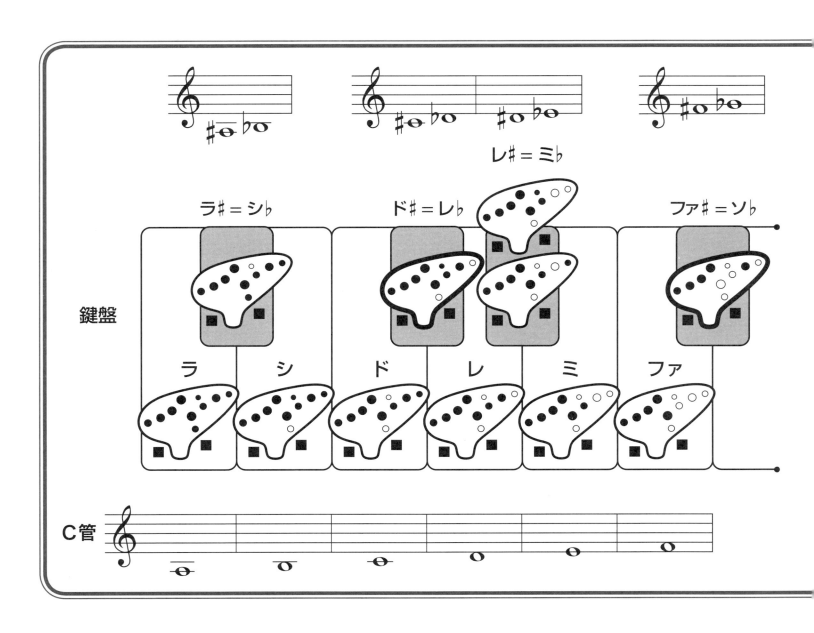

* この表はC管の音で書かれています。
  F管やG管の場合は、実際には違う音が出ます。

* ♯や♭のつく音は、楽器の大きさなどにより、正しい音を出しやすい運指が少し違ったりします。
  そのため2つ以上運指を表記したものもありますが、最初のうちは、右手の薬指をおさえると、だいたいの音は半音下がる（♭がつく）と覚えておけばよいでしょう。

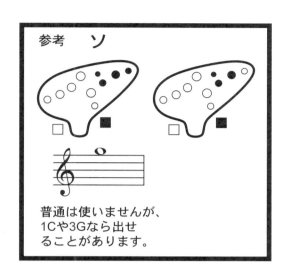

参考　ソ

普通は使いませんが、1Cや3Gなら出せることがあります。

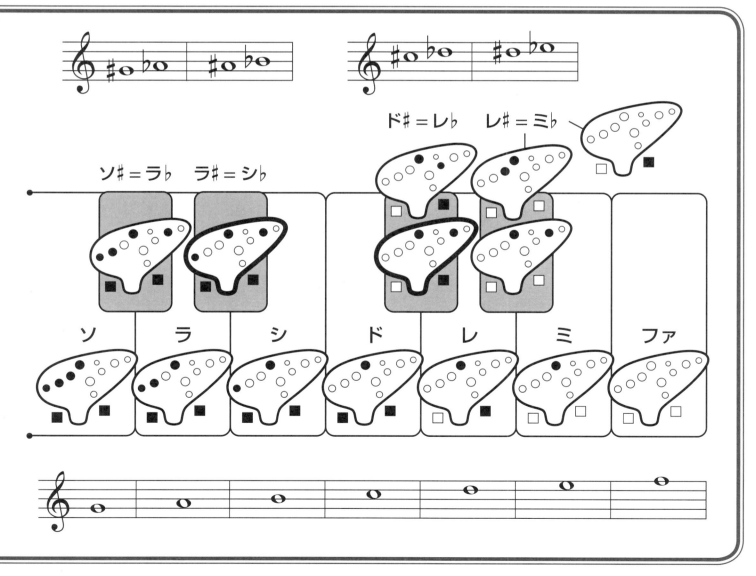

ポーリュシカ ポーレ

Polyushko Pole：Lev Konstantin Knipper ／作曲

☆ロシアの歌です。「草原よ草原〜」という意味。1970年代に沖雅美が歌いました。Origaが歌ったものは、テレビドラマ「青の時代」のオープニング主題歌として使われました。

小さなぐみの木

ロシア民謡

☆ロシアの歌です。ぐみの木を女性、かしの木を男性にたとえて、広い川をへだてて立っていて、とげられない恋を歌っています。

イムジン河

朴 世永／作詞・高 宗漢／作曲・松山 猛／日本語詞

© J CINE QUANON, Inc.

☆ 1968年。ザ・フォーク・クルセーダーズ。直前になって発売禁止になった名曲です。2002年に34年振りに発売されました。

パフ

PUFF(THE MAGIC DRAGON)：Peter Yarrow, Leonard Lipton ／作詞・作曲

© 1963 by SILVER DAWN MUSIC
All rights reserved. Used by permission.
Print rights for Japan administered by Yamaha Music Entertainment Holdings, Inc.
© by HONALEE MELODIES
Permission granted by FUJIPACIFIC MUSIC INC.
Authorized for sale in Japan only.

☆1963年にレコーディングされた曲。アメリカのフォークグループ「ピーター・ポール＆マリー」の曲です。内容は、竜のパフと少年のおとぎの国での交流のお話しです。

あなたが夜明けをつげる子どもたち

笠木 透／作詞・細田 登／作曲

© 1977 ONGAKU CENTER

☆1977年。教育記録映画「夜明けへの道」の主題歌です。教育運動やうたごえ運動で広まりました。

エデンの東

EAST OF EDEN：Leonard Rosenman／作曲

☆ 1955年。永遠の青年ジェームス・ディーン主演の名作映画「エデンの東」のテーマ曲です。レナード・ローゼマンのこの曲は、公開当時日本でも大ヒットしました。

友よ

岡林信康／作詞・作曲

© BEL AIR MUSIC PUBLISHING LTD

☆ 1968年。フォーク・キャンパース（岡林信康と高石友也）が歌いました。高石友也の影響で自ら歌うことを始めた岡林信康は「フォークの神様」とも言われています。

夜明けのスキャット

山上路夫／作詞・いずみ　たく／作曲

© 1969 by ALLSTAFF MUSIC CO., LTD.

☆1969年。由紀さおりが歌いました。当時ラジオの深夜番組のBGMとして使用されました。

魅惑のワルツ

FASCINATION：Fermo D. Marchetti／作曲

☆ゲーリー・クーパーと、オードリー・ヘップバーン主演の「昼下がりの情事」の主題歌に使われました。日本では、美空ひばりも歌っています。

風

北山　修／作詞・端田宣彦／作曲

© 1968 by Art Music Publishing

☆ 1967年。はしだのりひことシューベルツ。フォーククルセーダーズのメンバーだった はしだのりひこが結成したシューベルツの曲です。

にじ

新沢としひこ／作詞・中川ひろたか／作曲

花の首飾り

菅原房子／作詞・なかにし礼／補詞・すぎやまこういち／作曲

© 1968 by WATANABE MUSIC PUBLISHING CO., LTD.

☆ 1968年。GSブームを代表する ザ・タイガースがリリースしたシングルです。2001年に井上陽水がカバーしています。

自転車にのって

高田 渡／作詞・作曲

© 1971 by Art Music Publishing

☆1971年。高田渡は、庶民的な生活の中での出来事や、風刺的な歌を作りました。代表作に「自衛隊に入ろう」等があります。

オー・シャンゼリゼ

WATERLOO ROAD：Michael Wilshaw, Michael A. Deighan／作曲

© 1969 INTERSONG MUSIC LTD.
All rights reserved. Used by permission
Print rights for Japan administered by Yamaha Music Entertainment Holdings, Inc.

☆ 1969年。元は英語の歌詞でしたがフランス語の歌詞に変えたところ、フランスで大ヒットしました。代表的なシャンソンです。

サンライズ・サンセット

SUNRISE SUNSET：Jerry Bock, Sheldon Harnick／作曲

☆ブロードウェイミュージカルが1971年に映画化された「屋根の上のバイオリン弾き」（アカデミー賞で3部門を受賞）の挿入歌です。

夢見るシャンソン人形

POUPEE DE CIRE POUPEE DE SON：Serge Gainsbourg／作曲

© Edition Et Productions Sidonie SA
The rights for Japan licensed to EMI Music Publishing Japan Ltd.

☆フランスのポピュラー音楽です。第10回ユーロビジョン・ソング・コンテスト（1965年）で優勝し、日本でもカバーされました。

33

22才の別れ

伊勢正三／作詞・作曲

© 1975 by CROWN MUSIC, INC. & FUJIPACIFIC MUSIC INC.

♩=132

あなたに—さよーならってーいえるーのは きょうだけー あした になって また あーなたの あたたかい てーに— ふれ たら きっとー いえなく なってしまーうー そんな きがしてー わたしには かがみにうつった あなたのすがたを みつけられずに— わたしのー

☆ 1975年。風（かぐや姫の伊勢正三と、猫の大久保一久が1975年に結成したフォークデュオ）の代表曲です。

34

精霊流し

さだまさし／作詞・作曲

© 1974 by JAPAN CENTRAL MUSIC, LTD.

☆1974年。グレープ最初のヒット曲です。第16回日本レコード大賞作詞賞を受賞しました。

花嫁

北山 修／作詞・端田宣彦、坂庭省悟／作曲

© 1971 by JAPAN CENTRAL MUSIC, LTD.

☆1971年。はしだのりひことクライマックス。はしだのりひこが、シューベルツの後に結成したクライマックスの曲です。

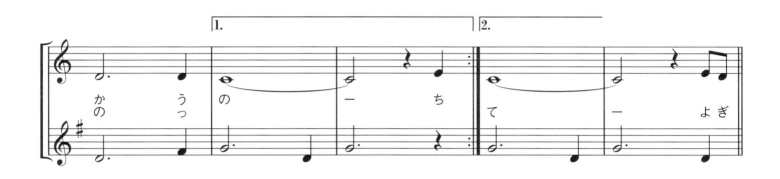
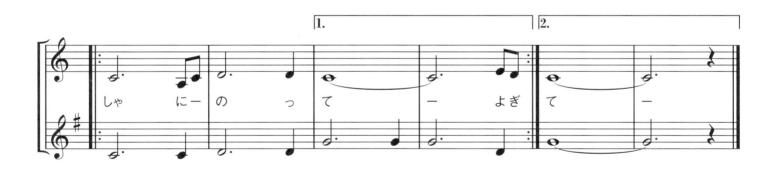

39

白百合の花が咲く頃

宮沢和史／作詞・作曲

© 2005 by FUJIPACIFIC MUSIC INC.

☆ 2005年。「THE BOOM」の宮沢和史が、沖縄出身の全盲のテノール歌手 新垣勉の為に作った曲です。

まあるいいのち

イルカ／作詞・作曲

© 1980 by Iruka Office.

☆フォークシンガーで絵本作家のイルカの曲です。1970年代に作られ1980年発売のアルバムにリリースされました。今もCMソングとして使われています。

明日への手紙

池田綾子／作詞・作曲

© 2014 by FUJIPACIFIC MUSIC INC. & Victor Music Arts, Inc.

☆ 2014年、手嶌葵が発表した曲です。2016年にドラマ「いつかこの恋を思い出してきっと泣いてしまう」の主題歌に使用されました。

木蘭の涙

山田ひろし／作詞・柿沼清史／作曲

© 1993 by UP FRONT MUSIC INC. & JAPAN CENTRAL MUSIC, LTD.

☆1993年にスターダスト・レビューが発表した曲です。2005年にニッカウヰスキーのCM曲にも使われました。

バス・ストップ

千家和也／作詞・葵 まさひこ／作曲

© 1972 by Nichion, Inc.

☆ 1972年、平 浩二の曲です。渋谷駅のバス・ストップをイメージして作られた曲だそうです。

ハナミズキ

一青窈／作詞・マシコ タツロウ／作曲

© 2005 by NIPPON TELEVISION MUSIC CORPORATION

☆2004年にリリースされた一青窈（ひとと よう）の5枚目のシングルです。アメリカ同時多発テロ発生時に、ニューヨークの友人から来たメールをきっかけに一週間ほどで詩を書き上げたそうです。

風笛〜あすかのテーマ〜

大島ミチル／作曲

© 1999 by NHK Publishing, Inc.

☆1999年から2000年に放送されたNHK連続テレビ小説「あすか」のオープニング曲です。

大脱走のマーチ

THE GREAT ESCAPE MARCH (Inst. Version)：Elmer Bernstein／作曲

☆1963年制作のアメリカ映画、ジョン・スタージェス監督の「大脱走」の主題歌です。「ミッチー・ミラー合唱団」が歌っています。

にっぽん昔ばなし

川内康範／作詞・北原じゅん／作曲

© 1975 by AI MUSIC INC.

☆ 1975年1月から、延べ約1500話が放送されたテレビアニメ「まんが日本昔ばなし」の主題歌です。

虹と雪のバラード

河邨文一郎／作詞・村井邦彦／作曲

© 1972 by ALFA MUSIC, INC.

☆1972年に開催された「札幌オリンピック」のテーマソングです。トワ・エ・モアが歌ったものが大ヒットしました。

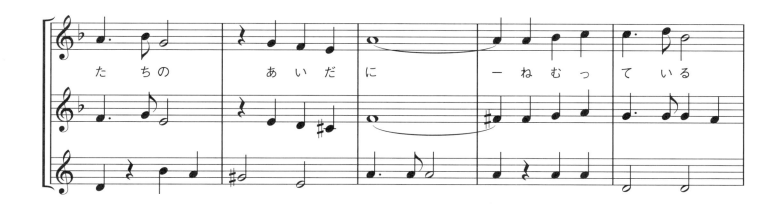

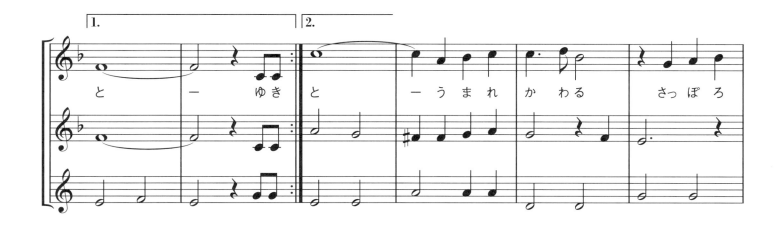

57

いのちの記憶

二階堂和美／作詞・作曲

© 2013 by Studio Ghibli

☆「竹取物語」を原作とした高畑勲監督スタジオジブリ制作の日本のアニメーション映画『かぐや姫の物語』の主題歌です。2013年11月23日に公開されました。

歌の翼に

メンデルスゾーン／作曲

☆ドイツの作曲家、ヤコブ・ルートヴィヒ・フェリックス・メンデルスゾーン・バルトルディの独唱曲 Op.34-2 です。1834年、ハイネの詩に作曲されました。

きれいな鈴の音 ～歌劇「魔笛」より

モーツァルト／作曲

☆モーツァルトの有名なオペラ「魔笛」の第一幕で、パパゲーノが振る鈴の音にパパゲーノとパミーナを追ってきたモノスタトスと奴隷達が歌い踊る場面の曲です。

ピアノ・ソナタ第8番「悲愴」〜第2楽章

ベートーヴェン／作曲

☆ルートヴィヒ・ヴァン・ベートーベン作曲の3大ピアノソナタ（月光、熱情と並ぶ）の1つの2楽章です。1798年作曲。

目覚めよと呼ぶ声が聞こえ ～カンタータ第140番

J.S. バッハ／作曲

☆「近代音楽の父」と称されるドイツの作曲家、ヨハン・セバスチァン・バッハ作曲の教会カンタータ。BWV140番。

春への憧れ

モーツァルト／作曲

☆ K.596　ウォルフガング・アマデウス・モーツァルトが晩年1791年に作曲した子ども向けの歌曲です。

黄昏のビギン

永 六輔／作詞・中村八大／作曲

© 1959 by Hachidai CORPORATION & BURNING PUBLISHERS CO., LTD.

☆ 1959年。水原弘の「黒い花びら」のあとの2枚目シングル・レコードとして発売されました。1991年に ちあきなおみがカバーし、CMソングとしても使われました。

からたちの小径

喜田條忠・南こうせつ／作詞・南こうせつ／作曲

© 2013 by BURNING PUBLISHERS CO., Ltd

☆島倉千代子が亡くなる3日前の2013年11月5日、自宅に録音機器を持ち込みレコーディングされた曲です。告別式の際にこの曲が流されると問合せが殺到し2013年12月18日に日本コロンビアよりシングル盤が急遽発売されました。

みだれ髪

星野哲郎／作詞・船村徹／作曲

© 1987 by COLUMBIA SONGS, INC.

☆美空ひばりの名曲です。1987年12月10日にコロムビアから発売され1988年1月1日には同名のアルバムも発売されました。

高校三年生

丘 灯至夫／作詞・遠藤 実／作曲

☆1963年に発表されました。学生服と八重歯がトレードマークの舟木一夫のデビュー曲で、大ヒットしました。同名の映画も作られました。

千の風になって

作者不詳・新井 満／日本語詞・作曲

© 2003 by FUJIPACIFIC MUSIC INC. & DENTSU MUSIC AND ENTERTAINMENT INC.

☆アメリカ発祥と言われる作者不詳の詩に、新井満が日本語詩と曲をつけました。2003年に発表され、多くのアーティストによってカバーされています。ソロで演奏する時は☆→☆を繰り返してください。

花祭り

CARNAVALITO (EL HUMAHUAQUENO)：Edmundo Porteno Zaldivar Jr.／作曲

© 1952 WARNER CHAPPELL MUSIC ARGENTINA
All rights reserved. Used by permission,
Print rights for Japan administered by Yamaha Music Entertainment Holdings, Inc.

☆フォルクローレ（アンデス地方の音楽。本来は世界中の民族音楽の意味）の代表的な曲です。原題は「ウマウアカの男」。アルゼンチン北部ウアマカ渓谷の民謡です。

桃色吐息

康 珍化／作詞・佐藤 隆／作曲

©1984 by THE MUSIX PUBLISHER & ROSE INC.

☆1984年に高橋真梨子が歌った曲です。「カメリアダイヤモンド」のCMに使用され、大ヒットしました。

ロシア民謡メドレー
(カリンカ〜行商人〜黒い瞳〜一週間)

ロシア民謡

☆ロシア民謡の中でも知名度の高い、カリンカ・行商人・黒い瞳・一週間をメドレーにしました。どの曲もCMなどで耳にしたことがあるのではないでしょうか。

<行商人>

<黒い瞳>

もう飛ぶまいぞこの蝶々

W.A. モーツァルト／作曲

☆ 1786年にモーツァルトが作曲したオペラ「フィガロの結婚」の中の一曲です。

500マイル

FIVE HUNDRED MILES：Hedy West ／作詞・作曲

© 1961/1962 by ROBERT MELLIN, INC.
Permission granted by MUSICAL RIGHTS (TOKYO) K.K.
Authorized for sale in Japan only.

☆アメリカ南部の伝承曲だった曲を元に、ヘディ・ウエストが1961年に歌いました。翌年のピーター・ポール＆マリーによるカバーがよく知られています。

青い影

A WHITER SHADE OF PALE：Matthew Fisher, Keith Reid and Gary Brooker／作詞・作曲

TRO-© Copyright 1967 by ONWARD MUSIC LTD., London, England
Rights for Japan controlled by TRO ESSEX JAPAN LTD., Tokyo
Authorized for sale in Japan only

☆1967年。イギリスのロックバンド「プロコルハルム」のデビュー曲です。世界的な大ヒットを記録しました。

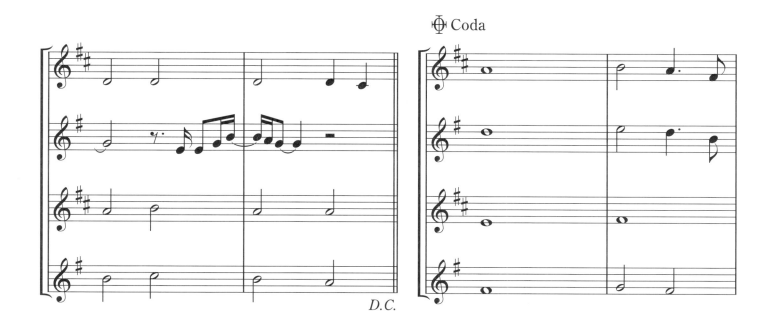

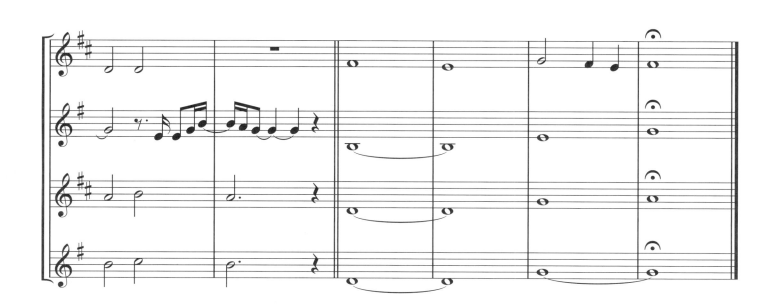

Sanctus ～ドイツ・ミサ曲 D872 より

シューベルト／作曲

☆オーストリアの作曲家、フランツ・ペーター・シューベルトの作曲。「サンクトゥス」はラテン語で「聖なる」の意味です。

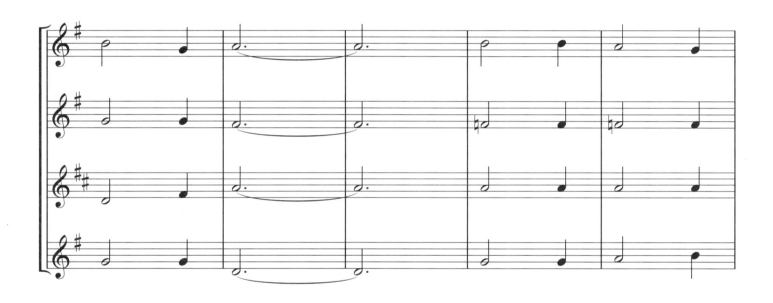

威風堂々

エルガー／作曲

☆イギリスの作曲家エドワード・エルガーが1901年に作曲しました。全5曲からなる管弦楽のための行進曲集の中で最も有名なこの曲は、第1番の中間部です。

踊りあかそう

I COULD HAVE DANCED ALL NIGHT：Alan Jay Lerner／作曲・Frederick Loewe／作曲

大ヒットしたブロードウェイミュージカルの映画化（1964年）「マイ・フェア・レディー」（オードリー・ヘップバーン、レックス・ハリスン主演）の挿入歌です。

103

心の旅

財津和夫／作詞・作曲

© 1973 by Nichion, Inc. & BIS MUSIC PUBLISHING CO., LTD.

☆1973年。チューリップの3枚目のシングルで大ヒット曲になりました。多くの歌手にカバーされ、CMソングにも起用されました。

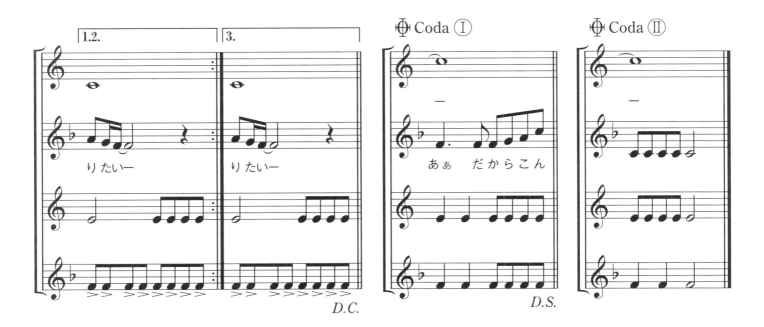

筑波山麓合唱団

永 六輔／作詞・いずみ たく／作曲

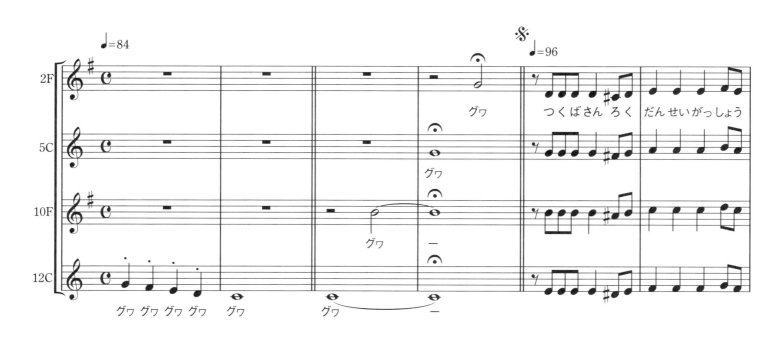

☆デューク・エイセスが歌いました。1979年に「にほんのうたシリーズ」でレコード大賞特別賞受賞。

ありがとうの花

坂田おさむ／作詞・作曲　池 毅／編曲

© 2009 by NHK Publishing, Inc.

☆2009年に「おかあさんといっしょ」の番組内で歌われた曲です。

主よ、人の望みの喜びよ

J.S. バッハ／作曲

☆ J.S. バッハによって作曲された、「心と口と行いと生活で」の中の一曲です。

さくいん

あ 青い影 ……………………………… 95
　明日への手紙 ……………………… 44
　あなたが夜明けをつげる子どもたち …… 19
　ありがとうの花 …………………… 110
　「いちご白書」をもう一度 ………… 25
　いのちの記憶 ……………………… 58
　威風堂々 …………………………… 100
　イムジン河 ………………………… 17
　歌の翼に …………………………… 60
　エイトマン ………………………… 56
　エデンの東 ………………………… 20
　オー・シャンゼリゼ ……………… 29
　踊りあかそう ……………………… 102
　オーラ・リー (練習曲／ソロ) …… 10

か 風 …………………………………… 24
　風笛〜あすかのテーマ〜 ………… 51
　からたちの小径 …………………… 72
　キラキラ星 (練習曲／ソロ) ……… 8
　きれいな鈴の音〜歌劇「魔笛」より …… 62
　高校三年生 ………………………… 76
　心の旅 ……………………………… 104
　500マイル ………………………… 92

さ Sanctus〜ドイツ・ミサ曲 D872 より …… 98
　サンライズ・サンセット ………… 30
　自転車にのって …………………… 28
　主よ、人の望みの喜びよ ………… 113
　精霊流し …………………………… 36
　白百合の花が咲く頃 ……………… 40
　千の風になって …………………… 78

た 大脱走のマーチ …………………… 52

　黄昏のビギン ……………………… 70
　小さなぐみの木 …………………… 16
　茶摘 (練習曲／ソロ) ……………… 9
　筑波山麓合唱団 …………………… 106
　友よ ………………………………… 21

な にじ ………………………………… 26
　虹と雪のバラード ………………… 54
　22才の別れ ………………………… 34
　にっぽん昔ばなし ………………… 53

は バス・ストップ …………………… 48
　花の首飾り ………………………… 27
　花祭り ……………………………… 80
　ハナミズキ ………………………… 50
　花嫁 ………………………………… 38
　パフ ………………………………… 18
　春への憧れ ………………………… 68
　ピアノ・ソナタ第8番「悲愴」〜2楽章 …… 64
　故郷 (練習曲／ソロ) ……………… 11
　ポーリュシカ ポーレ …………… 16

ま まあるいいのち …………………… 42
　みだれ髪 …………………………… 74
　魅惑のワルツ ……………………… 23
　目覚めよと呼ぶ声が聞こえ〜カンタータ140番… 66
　もう飛ぶまいぞこの蝶々 ………… 88
　木蘭の涙 …………………………… 46
　桃色吐息 …………………………… 82

や 夢見るシャンソン人形 …………… 32
　夜明けのスキャット ……………… 22

ら ロシア民謡メドレー ……………… 84

わ 若者たち (練習曲／ソロ) ………… 8

AKETA OCARINA

「音」にこだわり続けて90年―。

アケタオカリーナの創始者・明田川孝（あけたがわたかし、1909-1958）は、その少年時代、まだ"音の出る玩具"の域を出なかった素朴な土笛・オカリーナに心を奪われ、1928（昭和3）年、自らこの笛を作ろうと本格的に研究をスタートさせました。「オカリーナのシンプルで美しい形、やわらかく膨らみのある澄んだ音色が、ただただ好きでたまらない。自分の経験を活かして、皆にいい楽器を作ってわけてあげよう。そして、この楽器の美しい響きを通して、人の和を美しく育てたい。」この孝の純粋な思いが、アケタオカリーナのはじまりです。

その後、孝は懸命な研究の中でピッチ設定可能な12穴式オカリーナを考案（2度にわたって実用新案を取得）。日本がまだ戦後の荒廃から復興へと歩み始めて間もない1948（昭和23）年、"楽器"として通用する完全クロマティックのオカリーナを世界に先駆け完成させ、現代オカリーナの基礎を築きました。

それから半世紀以上を経た現在、オカリーナは世界中でポピュラーな楽器となり、音色の好みの変化や技術の進歩などによって、形も材質も、そして音色も、さまざまなオカリーナが作られるようになりました。そのような中で、アケタオカリーナは孝の初志を受け継ぎ、創業以来変わらぬ心のこもった丁寧な手作業により、オカリーナ本来の、素朴で温かみのある美しい音を守り続けています。

アケタ オカリーナ ラインアップ

※2018年9月現在

● スタンダード

T-1C	C調
T-3G	G調
T-2F	F調
S-5C	C調
T-5C	C調
T-9G	G調
T-10F	F調
T-12C	C調
T-6E♭	E♭調
T-8B♭	B♭調

● 高級器種『R』

RT-1C	C調
RT-3G	G調
RT-2F	F調
RS-5C	C調
RT-5C	C調

● 最高級器種ほか

MST-2F	F調	T-1CX	C調
MST-5C	C調	T-2FX	F調
MXT-2F	F調	T-5CX	C調
MXS-5C	C調	T-38000XCL	C調
AM-5C	C調		

アケタオカリーナは、すべて、職人の手仕事によって作り上げられた楽器です。そのため同器種であっても一点一点わずかに異なり、完全に同じものはございません。手作りによる個性を、どうぞお楽しみください。

製造元　株式会社アケタ
発売元　株式会社プリマ楽器
〒103-0004 東京都中央区東日本橋1-1-8
Tel. 03-3866-2215／03-3866-2210
http://www.prima-gakki.co.jp/

カタログをご希望の方は、お近くの楽器店までお問い合わせください。

■編著者紹介■

小山 京子（おやま きょうこ）

オカリーナ奏者

8歳の時、リコーダーと出会い『横浜市 子どもリコーダーアンサンブル』に参加、笛のとりこになる。
日本大学芸術学部音楽科フルートコース卒業。
フルートアンサンブル、フルートオーケストラで、ヨーロッパ各地、ブラジル等で演奏。
1995年、オカリナ＆ギターのユニット「ねんど」を結成。CD「ねんどアイランド」「ねんどフォレスト」をリリース。
プリマミュージックより「小山京子のオカリーナ・ソロ・アルバム」「小山京子のオカリーナ合奏曲集」等オカリーナ曲集、アケタズディスク等より、CD多数。
NHK学園 生涯学習通信講座「楽しいオカリーナ」監修。日本フローラルアート通信講座「オカリーナ名曲集コース」「楽しいオカリーナアンサンブルコース」監修。
横浜・東京・静岡 他でオカリナ教室の講師を務める他、国内外で様々な演奏活動を行っている。
("ねんど"ホームページ http://nendo.music.coocan.jp/)

■小山京子のオカリーナ アンサンブル 曲集【2訂版】

- ■発行日　2018年10月15日
- ■編著者　小山京子
- ■イラスト　遠藤賢一（表紙）
- ■イラスト　吉塚光雄（本文）
- ■制　作　（有）ケイ・エム・ピー
- ■発行所　株式会社　プリマ楽器
  東京都中央区東日本橋 1-1-8
  〒103-0004　TEL. 03-3866-2221
- ■日本音楽著作権協会許諾（出）第 1810494-801 号

© 版権所有、無断複製・転載を禁じます。
※万一、乱丁・落丁がありましたときは、当社においてお取り替えいたします。